Y0-ADX-628

¿Me permite, por favor?

por Kyla Steinkraus

Consultores de contenido:
Melissa Z. Pierce, L.C.S.W.
Sam Williams, M.Ed.

Rourke Educational Media

rourkeeducationalmedia.com

© 2015 Rourke Educational Media

All rights reserved. No part of this book may be reproduced or utilized in any form or by any means, electronic or mechanical including photocopying, recording, or by any information storage and retrieval system without permission in writing from the publisher.

www.rourkeeducationalmedia.com

Melissa Z. Pierce is a licensed clinical social worker with a background in counseling in the home and school group settings. Melissa is currently a life coach. She brings her experience as a L.C.S.W. and parent to the *Little World Social Skills* collection and the *Social Skills and More* program.

Sam Williams has a master's degree in education. Sam is a former teacher with over ten years of classroom experience. He has been a literacy coach, professional development writer and trainer, and is a published author. He brings his experience in child development and classroom management to this series.

PHOTO CREDITS: Cover: © Sean Locke; page 3: © Sean Locke; page 5: © Sharon Meredith; page 7: © Rosemarie Gearhart; page 9: © David Hernandez; page 11: © Dmitry Lastovich; page 12: © Robert Churchill; page 13: © Agnieszka Kirinicjanow; page 15: © Agnieszka Kirinicjanow; page 17: © Gregory Johnston; page 18: © Christopher Futcher; page 19: © Cliff Parnell; page 20: © kali9; page 21: © Yuko Hirao

Illustrations by: Anita DuFalla
Edited by: Precious McKenzie
Cover and Interior designed by: Tara Raymo
Translation by Dr. Arnhilda Badía

Steinkraus, Kyla
¿Me permite, por favor? / Kyla Steinkraus
ISBN 978-1-63155-099-7 (hard cover - Spanish)
ISBN 978-1-62717-379-7 (soft cover - Spanish)
ISBN 978-1-62717-563-0 (e-Book - Spanish)
ISBN 978-1-61810-138-9 (hard cover - English)(alk. paper)
ISBN 978-1-61810-271-3 (soft cover - English)
ISBN 978-1-61810-397-0 (e-Book - English)
Library of Congress Control Number: 2014941425

Rourke Educational Media
Printed in the United States of America,
North Mankato, Minnesota

Also Available as:
ROURKE'S
e-Books

rourkeeducationalmedia.com

customerservice@rourkeeducationalmedia.com • PO Box 643328 Vero Beach, Florida 32964

¿Qué son buenos **modales**? Palabras como "por favor" y "gracias" demuestran **amabilidad.**

Tener buenos modales significa ser cortés.

Tú tienes buenos modales cuando ayudas a alguien. Puedes ser útil abriéndole la puerta a alguien u ofreciéndote a poner la mesa.

¿Te sientes bien cuando eres cortés?

Practicar buenos modales nos ayuda a ser buenos **amigos** de los demás. Esto demuestra que nosotros nos preocupamos por los demás.

Sigue la regla de oro:
Trata a las personas de la misma forma que quieres ser tratado.

En la mesa, a la hora de cenar, di "¿Me puedes dar más comida, por favor?"

9

Di "por favor" y "gracias" siempre, incluso cuando pienses que nadie más está usando esos modales.

¿Qué harías si esto te pasa a ti?

11

Puedes compartir tus juguetes con tus amigos. Cuando quieras un **turno**, di, "¿puedo tener un turno, por favor?"

Tomar turnos mientras se juega a un videojuego permite que todos puedan disfrutar y divertirse.

¿Qué dirías si quieres pedir prestado un juguete de un amigo?

¡Exacto! "¿Me permite, por favor?"

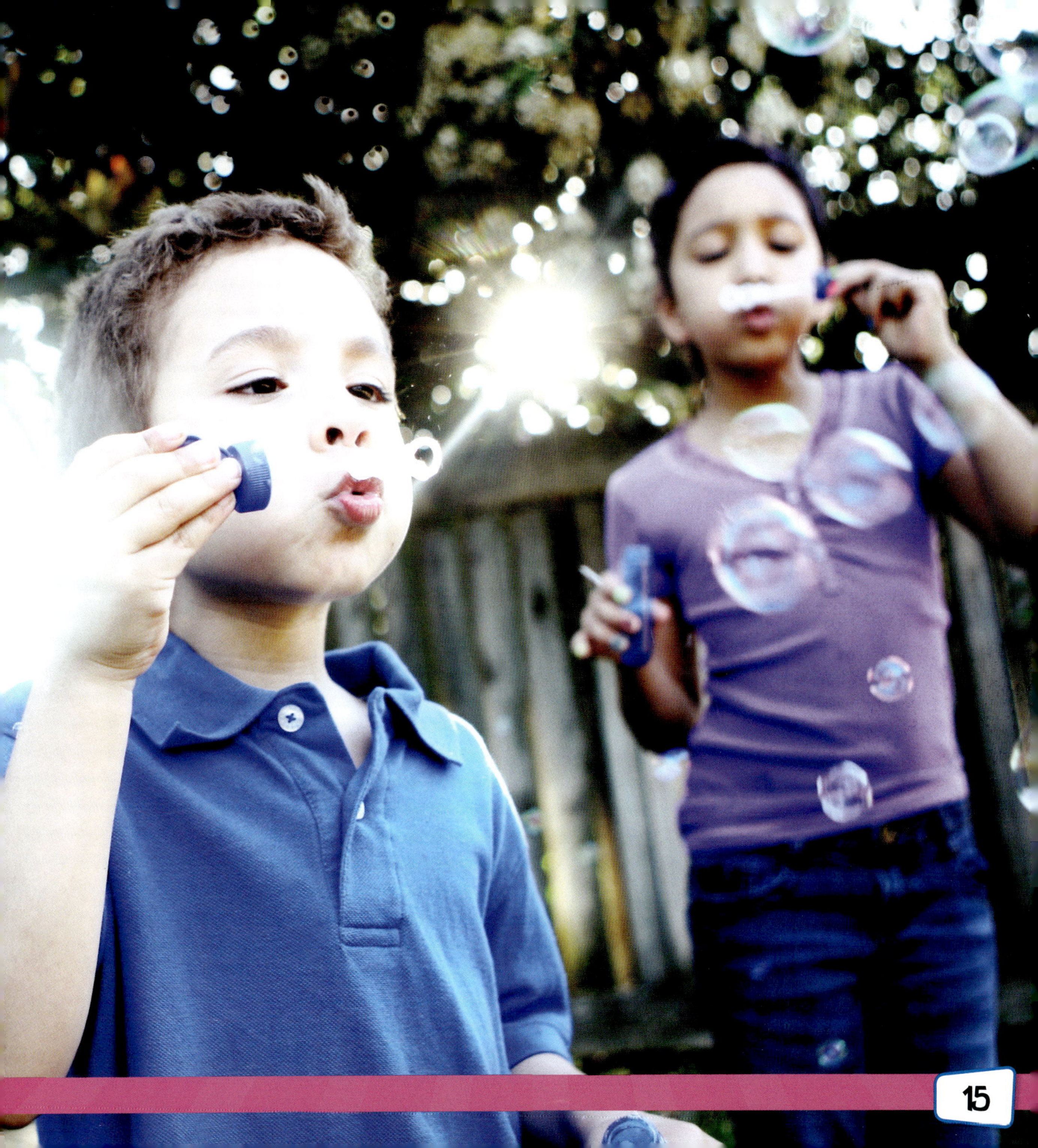

¿Qué dices cuando quieres hablar con alguien por teléfono?

¡Exacto! "¿Me permite, por favor?"

17

¿Puedes pensar en otros momentos en los que necesites tus mejores modales?

Cuando actúas de una manera amable y **considerada** hacia otras personas, ellos querrán ser tus amigos.

Todo el mundo disfruta pasar un rato con una persona cortés, así que por favor, practica ser educado.

¡Practícalo!

Imagínate que estás en un restaurante.

¿Cómo deberías pedir para pasar a sentarte?

¿Cómo deberías ordenar tu comida?

¿Qué le dices al camarero cuando es la hora de marcharte?

Glosario ilustrado

amabilidad:
Ser útil y amistoso.

amigos:
Personas que conoces y te agradan, y a las que agradas igualmente.

considerado:
Darle atención especial a las necesidades de los demás.

cortés:
Ser considerado con los demás.

modales:
Comportamiento que refleja la educación de una persona. El que tiene buenos modales, actúa de una manera educada y amable.

turno:
Cuando dos o más personas comparten el uso de algo.

Índice

amabilidad   3
amigo(s)   6, 12, 14, 19
compartir   12
cortés   4, 5, 20
modales   3, 4, 6, 10, 18

Páginas Web

pbskids.org/barney/children/storytime/please1.html

www.nea.org/tools/lessons/learning-and-practicing-good-manners-grades-K-5.html

www.preschooleducation.com/smanners.shtml

Acerca de la autora

Kyla Steinkraus vive en Tampa, Florida, con su marido y sus dos hijos. Ella y su hijo de cinco años se recuerdan mutuamente el decir "por favor" cuando a uno de ellos se le olvida (lo que no sucede muy frecuentemente).

Ask The Author!
www.rem4students.com